*Michael Heinen-Anders*
Der Suizid aus anthroposophischer
Sicht

Herstellung und Verlag: Books on Demand,
Norderstedt

ISBN **9783752622942**

# *Inhaltsverzeichnis*

## Der Suizid aus anthroposophischer Sicht

Am 23.11.2020 lief in der ARD um 20:15 Uhr das zum Fernsehfilm umgewandelte Bühnenstück „GOTT" von Ferdinand von Schirach. Die Handlung umfasste folgendes: „Der 78-jährige ehemalige Architekt Richard Gärtner möchte seinem Leben ein Ende setzen. Dies soll jedoch nicht im Ausland, sondern ganz legal mit der Hilfe seiner Hausärztin geschehen. Für Dr. Brandt kommt es aus persönlicher Überzeugung nicht infrage, ihrem zwar betagten, aber gesunden Patienten ein todbringendes Präparat zu besorgen. Richard Gärtners Fall wird exemplarisch vor dem Deutschen Ethikrat diskutiert. Strittig ist dabei nicht die Frage, welche Formen von Sterbehilfe für Ärzte straffrei sind, sondern ob Mediziner dem Patientenwunsch eines Lebensmüden gerecht werden müssen – egal ob jung, alt, gesund oder krank. Ethikrat-Mitglied Dr. Keller befragt die Sachverständigen und lässt so die unterschiedlichen Experten zu Wort kommen. Die Verfassungsrechtlerin Prof. Litten und der Anwalt von Richard Gärtner stehen Bischof Thiel und Ärztekammerchef Sperling dabei mit unterschiedlichen Meinungen gegenüber. Am Ende richtet sich die Ethikrat-Vorsitzende direkt an das Publikum: Soll Richard Gärtner das tödliche Präparat bekommen, um sich selbstbestimmt das Leben zu nehmen?" [1] Anschließend wurden die Zuschauer aufgefordert sich zu dieser Grundsatzfrage per Telefonvoting mit pro oder contra zu entscheiden. . Erschreckend mutet es an, dass 70,8

---

[1] https://www.daserste.de/unterhaltung/film/gott-von-ferdinand-von-schirach/sendung/index.html

9

% der votenden Zuschauer sich für den ärztlich unterstützten Suizid entschieden. Zwar wird von der Ärzteschaft vielfach der „Eid des Hippokrates" (nur nutzen, nicht schaden), als ethische Richtschnur beschrieben, doch immer mehr Ärzte wenden sich von dieser ethischen Vorgabe der ärztlichen Standesorganisationen ab, So votiert etwa auch die Medizinethikerin Dr. Bettina Schöne-Seifert in einem Buch („Beim Sterben helfen – dürfen wir das?") für das ärztlich unterstützte „selbstbestimmte" Sterben. Munitioniert wird dies durch ein Bundesverfassungsgerichtsurteil vom 26.02.2020.

Dort heißt es: „Das im Grundgesetz verankerte Persönlichkeitsrecht garantiert ein Recht auf selbstbestimmtes Leben. Daraus ergibt sich auch ein Recht auf selbstbestimmtes Sterben. Das ist die zentrale Botschaft des Urteils. "Dieses

Recht schließt die Freiheit ein, sich das Leben zu nehmen, hierfür bei Dritten Hilfe zu suchen und diese in Anspruch zu nehmen", führt Gerichtspräsident Andreas Voßkuhle in seinen einführenden Worten aus."[2] Zahlreiche Schriftsteller, wie Paul Celan, André Gorz und Jean Amery wählten aus unterschiedlichen Gründen den Freitod. Dass diese Entscheidung zum Freitod nun auch von Ärzten unterstützt werden soll, ist ein Novum für Deutschland.

Der **Selbstmord** oder **Suizid** (auch **Su icidium**, von lat. *sui* „seiner [selbst]", und *caedere* „[er]schlagen, fällen, töten, morden") hat für den **Selbstmörder** im Leben nach dem Tod schwerwiegende schmerzliche Folgen:

„Wenn der Mensch herabsteigt, um sich auf der Erde zu inkarnieren, wird

---

[2] https://www.tagesschau.de/inland/sterbehilfe-urteil-analyse-101.html

er durch sein eigenes Verlangen getrieben, und dies Verlangen hat seinen guten Grund. Es ist die Absicht, zu lernen. Wir lernen durch alle unsere Erfahrungen, und wir bereichern unseren Erfahrungsschatz. Aber damit der Mensch auf der Erde lernen kann, wird er notwendigerweise durch den Sinnengenuß angezogen.

Wenn nun die Seele, nach dem Tode auf dem Astralplan angekommen, ihr Leben nach rückwärts durchlebt, handelt es sich im Gegenteil darum, den Sinnengenuß hinter sich zu lassen und einzig die Erfahrung zu verarbeiten. Ihr Durchgang durch den Astralplan ist also eine Reinigung, durch welche sie das Hängen an den physischen Genüssen verliert.

Das ist die Reinigung im Kamaloka der Inder, im verzehrenden Feuer. Der Mensch muß sich abgewöhnen, einen Körper zu haben. Der Tod erzeugt in ihm zuerst die Wirkung einer ungeheuren Leere. Bei gewaltsamem Tod und bei Selbstmord sind diese Gefühle der Leere, des Durstes und des Brennens noch viel schrecklicher. Der Astralleib, nicht dazu vorbereitet, außerhalb des physischen Leibes zu leben, reißt sich unter Schmerzen von ihm los, während beim natürlichen Tode der reif gewordene Astralleib sich leicht löst. Beim gewaltsamen Tod, der nicht vom Willen des Menschen verursacht ist, ist die Loslösung immerhin weniger schmerzhaft als im Fall des Selbstmords." (Lit.:GA 94, S. 63f)

„Es soll nicht unerwähnt bleiben, daß die Erlebnisse dieser Region im besonderen Maße Selbstmörder durchmachen. Sie verlassen auf künstlichem Wege ihren physischen Leib, während doch alle Gefühle, die mit diesem zusammenhängen, unverändert bleiben. Beim natürlichen Tode geht mit dem Verfall des Leibes auch ein teilweises Ersterben der an ihn sich heftenden Gefühle einher. Bei Selbstmördern kommen dann noch zu der Qual, die ihnen das Gefühl der plötzlichen Aushöhlung verursacht, die unbefriedigten Begierden und Wünsche, wegen deren sie sich entleibt haben." (Lit.:GA 9, S. 116)

„Je mehr der Mensch vor dem Tode vom physischen Leben losgelöst, je leichter also sein Sterben gewesen ist, um so leichter wird er sich von der sinnlichen Welt entwöhnen. Am schwersten wird dieses Entwöhnen dem Selbstmörder. Denn dieser täuscht sich: Er bedenkt nicht, daß er die Trennung vom sinnlichen Leben gewaltsam vollzog und daß ihn deshalb eine unsägliche Gier nach seinem physischen Leibe erfaßt, die ihn in der Nähe der physischen Welt festhält. Ähnlich, wenn auch in abgeschwächter Form, ergeht es dem, der durch einen Unglücksfall plötzlich sein Leben verloren hat. Auch ein solcher Todesfall hinterläßt die Gier nach dem physischen Leib, aber später findet dann ein Ausgleich im Devachan statt. Wenn die Seele die irdischen Wünsche abgelegt hat, tritt sie ein in den Devachan-Zustand." (Lit.:GA 94, S. 143)

Der dem Selbstmörder nachtodlich fehlende Leib verursacht gerade ihm, der ja noch sehr daran hing besondere Qualen:

„Zu den verschiedenen Gefühlen, die dem Menschen im Leben anhaften, gehört besonders das eigentliche Daseinsgefühl, das Lebensgefühl, die Freude am Leben überhaupt, am Drinnenstecken im physischen Körper. Darum ist es eine Hauptentbehrung, keinen physischen Körper mehr zu haben. Wir werden nun dadurch das furchtbare Schicksal und die entsetzlichen Qualen jener Unglücklichen verstehen, welche durch Selbstmord aus dem Leben scheiden. Beim natürlichen Tod ist die Trennung der drei Körper verhältnismäßig eine leichte. Selbst bei Schlagfluß oder sonst einer schnellen natürlichen Todesart ist in Wirklichkeit schon längst die Trennung dieser höheren Glieder voneinander vorbereitet worden; sie trennen sich leicht, und die Entbehrung des physischen Leibes ist dann nur eine sehr geringe. Aber bei einer so gewaltsamen plötzlichen Trennung vom Körper wie bei einem Selbstmörder, wo noch alles gesund ist und noch fest zusammenhält, da tritt unmittelbar nach dem Tode eine starke Entbehrung des physischen Körpers auf, die furchtbare Leiden verursacht. Es ist ein furchtbares Schicksal. Der Selbstmörder fühlt sich wie ausgehöhlt und beginnt nun ein grausiges Suchen nach dem so plötzlich entzogenen physischen Körper. Nichts läßt sich damit vergleichen.

Es wird nun mancher sagen: Der Lebensüberdrüssige hängt ja gar nicht mehr am Leben, sonst hätte er es sich nicht genommen. – Das ist eine Täuschung, denn gerade der Selbstmörder hängt zu sehr am Leben; weil es ihm aber die Befriedigung gewohnter Genüsse nicht mehr bietet, weil es ihm vielleicht durch veränderte Verhältnisse manches versagt, darum geht er in den Tod, und darum ist ihm nun die Entbehrung des physischen Körpers unsagbar groß." (Lit.:GA 95, S. 34)

„Es gibt Menschen, welche, bevor sie des Lebens Mitte, wo normalerweise die Begegnung mit dem Vater-Prinzip geschieht, durchlaufen haben, sterben. Wir müssen den Fall ins Auge fassen, daß der Mensch eben dann durch Veranlassung von außen, durch Krankheit - die ja auch eine Veranlassung von außen ist - , durch Schwäche stirbt. Wenn durch dieses frühe Sterben die Begegnung mit dem Vater-Prinzip in den tiefen unterbewußten Seelengründen noch nicht hat stattfinden können, dann findet sie in der Todesstunde statt. Mit dem Tode wird diese Begegnung zugleich erlebt. Und hier ist es, wo wir anders ausdrücken können etwas, was ja, eben wieder anders, im entsprechenden Zusammenhang schon ausgedrückt ist zum Beispiel in meiner «Theosophie», wo von der ja immer im höchsten Grade betrüblichen Erscheinung gesprochen ist, daß Menschen durch ihren eigenen Willen ihrem Leben ein Ende machen. Das würde keiner tun, der die Bedeutung einer solchen Tat einsieht. Und wenn einmal Geisteswissenschaft wirklich in die Empfindungen der Menschen übergegangen sein wird, wird es keinen Selbstmord mehr geben. Denn daß der Mensch in der Todesstunde, wenn dieser Tod vor der Lebensmitte eintritt, zugleich wahrnehmen kann das Vater-Prinzip, das hängt davon ab, daß eben der Tod von außen an ihn herankommt, nicht daß er ihn sich selbst gibt. Und die Schwierigkeit, die die Menschenseele hat, die von einem anderen Gesichtspunkt in meiner «Theosophie» geschildert wird, könnte nun von dem Gesichtspunkt, von dem wir heute sprechen, auch so geschildert werden, daß wir sagen könnten: Der Mensch entzieht sich durch den eigenwilligen Tod eventuell der Begegnung mit dem Vater- Prinzip in der entsprechenden Inkarnation." (Lit.:GA 175, S. 64f)

Die Widersachermacht Sorat versucht ständig, den Menschen in die totale Auswegslosigkeit zu zwingen, ein Gefühl, das bei vielen Menschen vor allem unter dem Bolschewismus und dem Nationalsozialismus grassierte, um ihn zu einem Selbstmord geneigt zu machen, was seine natürliche "Ich-Empfindung" in einer künftigen Inkarnation aber bedeutend schwächen wird.

Noch schlimmer sind die Folgen, wenn der Mensch sich durch Zyankali umbringt. Seine nachtodliche Existenz als ein einheitliches Wesen wird dadurch vollends unmöglich gemacht. Die Folge ist ein doppelter Tod: ein Ganztod der Seele und ein Ganztod des Geistes, was ihn für weitere Inkarnationen aus kosmischer Sicht unbrauchbar macht.

Letztlich ist der Selbstmord – egal ob aus Not, aus Verzweiflung oder aus Lebensüberdruß – ein Akt des Egoismus. Statt dem Motto Rudolf Steiners, „Nicht Ich, sondern der Christus in mir", regiert ein Kalkül, dass sich den himmlischen Mächten überlegen dünkt. Daraus resultiert dann vielfach auch eine – mehr unbewußte – Hinneigung zum Bösen. Häufig sind es Agnostiker oder auch bewußte Atheisten, welche einen solchen Weg wählen.

Wie Iris Paxino in ihrem Buch "Brücken zwischen Leben und Tod - Begegnungen mit Verstorbenen" überzeugend darstellt, kann es nachtodlich zu Anomalien im Fortgang des regulären nachtodlichen Lebens kommen, noch bevor der Bereich der Seelenwelt und das Kamaloka betreten werden. So verbleiben manche Tote noch sehr lange in der Ätherwelt, in unmittelbarer Nähe ihres letzten Wohnorts und "spuken" dort herum, indem sie dadurch zu einer ungünstigen geistigen Atmosphäre an diesen Orten sorgen, ohne das den Toten dies bewußt ist.

"Viele von denen, die - man kann es nur mit Mitleid sagen - sich gesträubt haben oder verhindert waren, geistige Begriffe hier im Leben aufzunehmen, die wandeln auch noch als Tote auf Erden umher, bleiben mit der Erdensphäre in Verbindung." (R. Steiner, GA 178, S. 183).

## == Literatur ==

- Rudolf Steiner: *Theosophie. Einführung in übersinnliche Welterkenntnis und Menschenbestimmung* , GA 9 (2003), ISBN 3-7274-0090-0
- Rudolf Steiner: *Kosmogonie*, GA 94 (2001), ISBN 3-7274-0940-1
- Rudolf Steiner: *Vor dem Tore der Theosophie*, GA 95 (1990), ISBN 3-7274-0952-5
- Rudolf Steiner: *Bausteine zu einer Erkenntnis des Mysteriums von Golgatha*, GA 175 (1996), ISBN ISBN 3-7274-1750-1
- Maria von Nagy: *Rudolf Steiner über den Selbstmord*, Verlag am Goetheanum, Dornach 1998
- Arie Boogert: *Wir und unsere Toten*, Urachhaus Vlg., Stuttgart 1993, S. 118 - 121

- Doré Deverell: *Dem Licht entgegen. Die Heilung eines Selbstmordes über die Schwelle des Todes hinaus*, Perseus Vlg., Basel 1997
- Iris Paxino: *Brücken zwischen Leben und Tod. Begegnungen mit Verstorbenen*, Vlg. Freies Geistesleben, Stuttgart 2018
- Rudolf Steiner, GA 178

# Autobiographische Notiz:

Michael Heinen-Anders wurde am 25.02.1960 in Köln geboren. Er studierte an der Bergischen Universität Wuppertal Wirtschafts- und Sozialwissenschaften.
1989 schloss er das Studium als Diplom-Ökonom ab.
Michael Heinen-Anders trat 1994 der Anthroposophischen Gesellschaft, Zweig Köln, bei. Seit 2012 ist er gleichfalls Mitglied der Freien Hochschule für Geisteswissenschaft.
Er veröffentlichte zahlreiche literarische, essayistische und wissenschaftliche Schriften, darunter „Aus anthroposophischen Zusammenhängen", BoD, Norderstedt 2010 und „Aus anthroposophischen Zusammenhängen Band II", BoD, Norderstedt 2018.
Michael Heinen-Anders lebt in Köln, ist geschieden und hat zwei erwachsene Töchter.